*Geschichten und Gedichte*

*aus der Reihe*
*„Perlen unserer Erinnerung"*

# Jahresperlen

Carmen Sabernak (Hrsg.)

**Bibliografische Information der Deutschen Nationalbibliothek:**

Die Deutsche Nationalbibliothek verzeichnet diese Publikation in der Deutschen Nationalbibliografie; detaillierte bibliografische Daten sind im Internet über dnb.d.nb.de abrufbar.

**Impressum**

2023 © Carmen Sabernak, alle Rechte vorbehalten

**Herstellung und Verlag:**

BoD - Books on Demand, Norderstedt

**Satz und Layout:**

Nicole Mewes

**Bildnachweise:**

© by-studio © sonne fleckl - Fotolia.com

© Glaskugeln - Bild von vecstock auf Freepik

© Privatarchiv der Autorinnen

ISBN: 9783758314476

# Inhalt

# Vorwort

Carmen Sabernak hatte die Idee, die Erinnerungen unterschiedlicher Menschen zu sammeln.

Erinnerungen, die wertvoll wie Perlen sind. Sie fragte in der Teltower AWO-Gruppe nach und es fanden sich schnell MitstreiterInnen.

Einmal im Monat trafen sie sich, tauschten Erinnerungen aus, lasen aus ihren Geschichten und verbrachten schöne gemeinsame Stunden. So wurde recht schnell der Entschluss gefasst, diese „Perlen unserer Erinnerungen" in kleinen Büchern aufzubewahren.

Die Geschichten sind so unterschiedlich, wie die Menschen, die sie erlebt haben. Einzelne Geschichten wurden zum Teil schon vor einigen Jahren verfasst. Deshalb finden sich teilweise auch noch Texte in der alten Rechtschreibung. Diese wurden absichtlich nicht angepasst, denn es sind Perlen aus der betreffenden Zeit.

Wir wünschen Ihnen ebenso viel Vergnügen beim Lesen, wie wir Freude hatten, das Buch zu gestalten.

*Herzliche Grüße*
*das AutorInnenteam und die "Geschichtensammlerin" Carmen Sabernak*

# Am Ende von 2022

Liebe Leserinnen und Leser, für Sie ist heute dieser besondere Gruß. Wir freuen uns, dass Sie die „Perlen unserer Erinnerungen" zur Hand genommen haben. Das machen Sie genau richtig und der Fernseher bleibt aus! Was für ein Jahr geht nun zu Ende!? …
Ein Jahr mit vielen Krisen und Katastrophen, ein Jahr mit Krieg.

So viel Leid in Europa und so viele Sorgen und Ängste gibt es auch hier bei uns. Man fühlt sich ohnmächtig, ob all der Horrormeldungen Tag für Tag.

Und trotzdem gibt es uns Geschichten – und Perlensammlerinnen, die Ihnen ein bisschen aus ihrem Leben berichten. Wir schreiben unsere Erinnerungen auf, auch wenn diese noch so unbedeutend erscheinen mögen. An unserer Freude, unserer Sorge, unseren Erfahrungen lassen wir Sie gern teilnehmen.
Vielleicht erkennen Sie sich in der einen oder anderen Erzählung oder einem Gedicht wieder. Das Schönste für uns wäre, wenn Sie beim Lesen mitkämen in unsere kleine, auch nicht heile aber wertvolle Welt der Erinnerungen.

Also, liebe Leserinnen und Leser, machen Sie sich's schön auf der Couch mit einem Kaffee, Ihrem Lieblingstee oder einem Gläschen Wein. Schalten Sie ab und lassen Sie die weite Welt mit all ihren Bedrohungen für diesen Moment draußen.

Tauchen Sie ein in Erinnerungen von Carmen, von Eva, Christiane und Evelyn, von Hannelore und Ellen oder von Hanne, Gela und Margrit.

*Margrit Prauß, November 2022,*

# Freiheit, die ich meine –

von meiner Enkelin Jessica

Ich hoffe, dass wir eines Tages
den Durchblick haben, zu verstehen,
die Freiheit zu bleiben,
den Mut zu gehen,
und jeder darf, aber keiner muss schweigen.

Margrit Prauß, Februar 2023

# Das Leben - ein Tanz

Und die Traurigkeit tanzt mit
Schritt um Schritt
nimmt mich mit
tanz und dreh mich
auf und ab
hin und her
wiege mich im Traum

Und die Fröhlichkeit tanzt mit
Schritt um Schritt
nimmt dich mit
tanzt und dreht dich
auf und ab
hin und her
wiegt es dich im Traum

Und der Neid tanzt mit
Schritt um Schritt
nimmt uns mit
tanzn und drehn uns
auf und ab
hin und her
wiegen uns, es ist noch schwer

Und die Freundschaft tanzt auch mit
Schritt um Schritt
nimmt alle mit
tanzt und dreht euch
auf und ab
hin und her
findet euch und sucht nicht mehr

Und der Trost tanzt mit
Schritt um Schritt
hoff und bitt
halt ein und werde stumm
hier und jetzt
jetzt und hier
tanz und dreh dich nicht mehr um.

*Hanne Pluns*

# Die zwölf Monate und ihre Jahreszeiten

Ein Jahr beginnt stets mit dem Winter,
er zieht sich hin, das freut die Kinder.
Im Januar, Februar, März sogar,
ist das Wetter wie am Polar.

Der Frühling ist als nächster dran,
im März es schon ganz warm sein kann.
April, Mai und der Juni auch,
erfreuen mit Blumen, Gräsern und Lauch.

Der Sommer steht im Juni parat,
da gibt es schon ein paar heiße Grad.
Juli, August bis in den September hinein,
genießt ein jeder den Sonnenschein.

Der September in seiner ganzen Pracht,
verzaubert den Herbst mit stiller Macht.
Im Oktober, November und Dezember
erleuchten die Kerzen, werden die Abende länger.

Das Jahr geht zu Ende,
und wer ist wieder da, wenn ich das Kalenderblatt
wende?
Der Winter. Und wenn es schneit
rufen die Kinder: Hurraaa – es ist Rodelzeit.

*Ellen Wutschik, 2022*

# Morgenstunde

Ein fröhlicher Morgen – auf geht's zum Sport.
Auf dem Wege dahin – was sehe ich dort?
Ein Eichhörnchen springt munter umher,
flink auf den Baum: mal gerade, mal quer.

Ein Nebelkräher schaut dem Treiben zu,
fühlt sich gestört in seiner Ruh'.
Er krächzt das muntere Tierlein an,
die Sprache versteht nicht jedermann.

So wendet der Kräher sich ratlos um,
ein Weibchen fliegt um den Krächzer herum.
Gemeinsam fliegen sie schnell fort,
vergnügen sich am anderen Ort.

Am Straßenrand – an einer Pfütze –
sitzen acht Spatzen, erzählen sich Witze.
Palavern so laut, man hört sie recht weit,
bis der Hunger sie auf Futtersuche treibt.

Kurz vor dem Ziel treffe ich noch
Koko mit Frauchen – sie hüpft an mir hoch.
Eine Streicheleinheit, ach wie fein .
Kann Hundeleben denn schöner sein?
Nun aber schnell in die Sportstätte eilen,
der Gesundheit zuliebe hier aktiv verweilen!

*Hannelore Wolf, Februar 2023*

# Start in den Lenz

Bist für den Frühling du bereit?
Wer richtig schaut, sieht Knospen springen,
hört der Vöglein munt'res Singen –
es ist wahrlich Frühlingszeit!

Überall ein eifrig regen!
Der Spargel hoch sein Köpfchen reckt,
damit der Stecher ihn entdeckt.
Mutter Erde schenkt den Segen!

Das Gemüse – sehr beliebt –
steht auf dem Tisch in der Familie,
mit Hollandaise und Petersilie.
Wir hoffen, dass es recht viel gibt.

Frühjahrsputz steht auf dem Plan!
Die Sonne bringt es an den Tag,
was und wo man putzen mag.
Die Fenster sind als erstes dran –
damit man klarer sehen kann.

Der Balkon hielt Winterschlaf!
Aber nun die Kästen warten,
die Frühlingsblüher wollen starten.
Vielleicht er Farbe auch bedarf?

Tisch und Stühle aufgestellt!
Die bunten Kissen raus zum lüften,
umweht von lieblich zarten Düften.
Der Sonnenschirm schaut in die Welt!

Wir warten auf die Sonnenstrahlen!
Aus dem Schrank die luft'gen Kleider
müssen warten, leider-leider!
Noch zu kühl, um sich zu aalen!

Also: in Geduld sich fassen,
dem Frühling seinen Lauf gelassen.
Wer warten kann, erhält dann schon
des Lenzes Freuden bald als Lohn!

*Hannelore Wolf, April 2023*

# April-April

Der launische April –
weiß oft nicht, was er will.
Mal lässt er Herzen höher schlagen,
mal könnt' man an der Welt verzagen.

Der launige Geselle –
ist jedes Jahr zur Stelle.
Er bringt den Lenz mit Sonnenschein,
weckt auf im Wald die Vögelein.

Lässt Blumen sprießen aller Orten,
die bunte Pracht beschreibt in Worten –
so manch' Poet, wie's ihm gefällt
und tönt: Wie schön ist doch die Welt!

Das Osterfest in dieser Zeit
hält manche Freude wohl bereit.
Der Hase mit den langen Ohren
hat sich auch dieses Jahr geschworen:

Ich bring' den Kindern viele Eier!
Die liefert ihm Familie Meier.
Die Hühner um die Wette legen,
für Meister Lampe großer Segen.

Wenn die Glocken hell erklingen,
feiert man das Osterfest.
Wenn die Kinder fröhlich singen,
den Alltag man mal ruhen lässt.

Ein Spaziergang tut uns gut,
frische Luft bringt frohen Mut.

Wir denken an die Menschen heut'
und wünschen allen Frieden.
Nicht jedem auf dem Erdenrund
ist dieses Glück beschieden!

*Hannelore Wolf*

# Pfingsten

Die Feiertage in unserem Kalender – egal ob christlichen oder gesetzlichen Ursprungs – prägen den Verlauf eines Jahres auf vielfältige Weise. Sie erfüllen unseren Alltag mit freudigen Erlebnissen und lassen uns alte Traditionen und Bräuche erleben.

Jedes Jahr feiern wir 50 Tage nach Ostern das schönste Fest im Frühling: Pfingsten!

Man begeht dieses Fest entsprechend der überlieferten Traditionen im ganzen Land. So finden in einigen Gegenden feierliche Prozessionen von Geistlichen gemeinsam mit der Kirchengemeinde statt. Anderen Ortes erlebt man Pfingstreiter in bunten Trachten und bestaunt mit Blumen und bunten Bändern geschmückte Pfingstochsen. Auf manchen Plätzen erhebt sich ein weithin sichtbarer Pfingstbaum, bestückt mit flatternden Fähnchen und allerlei symbolträchtigen Schmuckelementen. Die Brunnen auf Marktplätzen erhalten –dem feierlichen Anlass angemessen – einen reichen, duftenden Blumenschmuck. Birkenstämmchen als Symbol des Pfingstfestes zieren Türeingänge und Fuhrwerke aller Art. Am Abend leuchten lodernd die Feuer und laden zu allerlei Brauchtum ein. Oft lässt man weiße Tauben als Symbol des Heiligen Geistes hoch in den Himmel fliegen. Als blumiges Symbol für Pfingsten sei die Pfingstrose genannt. Sie blüht in den herrlichsten Farben und betört mit ihrem Duft ihre Liebhaber.

Die Erinnerungen meiner Kindheit an dieses Fest sind verbunden mit den jährlich stattfindenden dörflichen Vergnügungen. Eine Blaskapelle mit festlich gekleideten Musikanten marschierte die Dorfstraße entlang bis zum Festplatz. Hier ließen sie sich nieder und begleiteten die weiteren Aktivitäten mit lauter Musik. Nun versammelten sich die Reiter mit ihren geschmückten Pferden, um an Wettbewerben teilzunehmen. Dazu gehörten das Ringreiten und Aalgreifen. Mit viel Geschick erwischte mancher von ihnen im Vorbeireiten einen Aal oder traf den hoch über den Köpfen der Pferde angebrachten Ring mit einem klingenden Schlag für einen Preis. Für geübte Kletterer galt es, eine ziemlich hohe Stange zu erklimmen. In der Höhe befand sich ein großer Kranz mit verlockenden Leckereien zur Belohnung. Wir Kinder fieberten mit den mutigen, manchmal waghalsigen Bezwingern des schwierigen Aktes um die Wette. Für die Kleinsten des Dorfes hielt man Spiele anderer Art bereit. So vergnügten sie sich bei Sackhüpfen, Eier-laufen, Tauziehen, Topfschlagen und anderen lusti-gen Spielen. Traditionell verputzten alle hungrigen Mäuler Bockwurst mit Senf im Brötchen oder mit Kar-toffelsalat. Begehrt bei Groß und Klein: Schoko-oder Vanilleeis in der Waffeltüte. Als Getränk floss die rote oder grüne Limonade, auch Fassbrause genannt, in die durstigen Kehlen.

So feierte man bei Musik, Tanz und Gesang fröhlich bis in den späten Abend hinein. Beschließen möchte ich diese Erinnerungen mit dem Vers aus einem Ge-dicht von Joachim Ringelnatz:

„Wenn sich der Himmel grau bezieht,
mich stört's nicht im Geringsten.
Wer meine weiße Hose sieht,
der merkt doch: Es ist Pfingsten!"

*Hannelore Wolf, Mai 2023*

# Die Sache mit der Werbung

Früher, als ich Kind war, habe ich mich immer sehr auf die drei t's, „ttt", gefreut.

Das bedeutete: „Tausend-Tele-Tipps". Auf einem anderen Sender bedeuteten die drei „t's", „Titel-Thesen-Temperamente".

Bei „Tausend-Tele-Tipps" gab es immer kleine unterhaltsame Spots über Produkte, die man in den Geschäften kaufen konnte, oder auch nicht, da sie vergriffen waren. Ich kann mich noch gut an „Badusan" erinnern. Da saß ein Kind in der mit Schaum gefüllten Badewanne und man hörte dazu Musik wie „Baden mit Badusan, Badusan, Badusan". Später wurden die „Tausend-Tele-Tipps" nicht mehr gezeigt. Werbung war wohl im DDR-Fernsehen nicht mehr erwünscht. Heute ist Werbung das A und O. Es wird viel Geld ausgegeben, um die Produkte so schön wie möglich zu präsentieren.

Leider ist diese Werbung auch sehr nervig. Auf den privaten Fernsehkanälen, kann man keine Sendung oder Filme genießen, da mehrere Werbepausen eingespielt werden. Gegen 1 oder 2 Spots hat man ja nichts, aber 5 bis 6 Minuten je Pause, sind dann doch zu viel und zu lang. Ja und so kann es dann mal sein, das ein Film der sonst 90 Minuten Laufzeit hat, jetzt 120 Minuten lang ist.

Werbespots werden viel mit Musik unterlegt und so prägt sich auch die eine oder andere Werbung schnell ein und wenn man die Musik hört und kein Bild sieht, weiß man doch trotzdem, was für ein Werbespot gerade läuft.

Aber das ändert sich manchmal. Ich kann mich da an einen Spot erinnern, die Musik habe ich noch immer im Ohr und es war die Werbung für leckere Kinderschokolade.

Ein bis zwei Jahre später hörte ich diese Musik wieder und wusste, es geht um Kinderschokolade. Denkste, diesmal ging es um Pizza. Ich war ganz schön verwirrt, da das gar nicht passte. Hatte ich doch die Schokolade vor Augen. Ja, so wird man manipuliert.

Ich muss gestehen, manchmal lasse ich mich auch beeinflussen und sage mir, ja das muss ich auch mal ausprobieren und kaufe es.

Was ich auch schon oft erlebt habe, ist Werbung wie: „Jetzt neu in Ihrem Regal, bei…", und ich habe nur gedacht, „Hä, das ist doch nicht neu, das habe ich doch schon vor 3 Monaten gekauft".

Da war ich wohl mal schneller.

*Ellen Wutschik, April 2022*

# Blüten-Träume

Blumen – meine Freude,
bunte Blütenpracht.
Schön wie Samt und Seide –
von Natur gemacht.

Duft von süßen Blüten –
lockt Bienenvolk herbei.
Sammeln fleißig Nektar,
kein Feind stört sie dabei.

Die Vielfalt aller Blumen –
sie schmücken unser Haus.
Für jeden helle Freude,
der hier geht ein und aus.

Bei liebevoller Pflege –
der Blumenflor gedeiht.
Geschützt vor Sturm und Regen –
trägt er sein schönstes Kleid.

Wenn sich der Sommer neiget
und Herbst zieht ein ins Land –
die Blütenträume schwinden,
das ist uns wohlbekannt.

Doch jedes Jahr auf's Neue –
ein Wachsen und ein Blüh'n.
Sobald die Sonne steiget –
sprießt überall das Grün!

*Hannelore Wolf, August 2022*

# Gruß zum Männertag

Himmelfahrt, Herrentag oder Vatertag –
ein jeder nennt ihn, wie er mag.
Primär als Tag der Himmelfahrt benannt,
aus der Bibel ist er bekannt.

Männertag – welch' eine Freude –
für alle, die da feiern heute.
Der Bollerwagen voll Bier und Wein,
auch leck'res Essen packt man ein.

So ausgerüstet fährt man fort –
an einen ausgewählten Ort.
Hier feiert man so manche Stunde,
ist fröhlich in der Männerrunde.

Den Vatertag die Familie nutzt,
da wird sich fein herausgeputzt.
'Ne Fahrt ins Blaue gern man macht,
es wird gesungen und gelacht.

Der Nachwuchs findet es famos:
Die Sippe fährt gemeinsam los!
Man nutzt den Feiertag voll aus,
am Abend geht's vergnügt nach Haus'.

So feiert jeder, wie er kann –
mit Kindern, Hunden, Frau und Mann!

*Hannelore Wolf*

# Das Portemonnaie

Wir lebten auf dem Land Anfang der 2000er Jahre. Da wir einen parkähnlichen Garten angelegt hatten, einen Holzvergaser – Ofen besaßen, für den Holz aus unserem Wald bearbeitet werden musste, wir außerdem eine Ferienwohnung betrieben und ich Kunst – Malerei, Bronzeplastiken u.a. – herstellte, hatten wir wenig Zeit, uns einmal auszuruhen und Urlaub zu machen.

Aber eines Tages war es soweit: Wir hatten beschlossen, ein paar Tage an die Ostsee zu fahren. Die Vorfreude war riesig; die Ferienwohnung war gebucht, die Koffer gepackt – es konnte losgehen!

Nur noch schnell einmal durch das Haus gehen, um zur Sicherheit alles durchzuchecken. Da entdeckte ich im Keller, dass es bei einer Leitung tropfte! Sollten wir zu Hause bleiben, einen Handwerker anrufen? Wir wollten uns aber nicht um unsere Erholung bringen lassen und stellten kurzerhand eine Zinkwanne unter die tropfende Leitung – es war ja auch nicht viel, was da tropfte, es würde schon halten. Ein bisschen mulmig war uns schon...

Und ob all der Bedenken und unseres Schwankens, was wir tun sollten, war es schon ein bisschen spät geworden; wir wollten eigentlich ganz früh auf dem Weg sein!

Aber nichtsdestotrotz: Wir fuhren los!
Nördlich von Berlin mussten wir dann tanken. Das taten wir, und ich entdeckte im Laden der Tankstelle ein paar Clogs, die mir außerordentlich gut gefielen.

In der Urlaubsstimmung, in der ich war, zögerte ich nicht lange: Ich gönnte mir dieses schöne Paar. Beim Bezahlen drängelte schon der nächste Kunde, ich sollte mich beeilen. Oder bildete ich mir das nur ein, dass er mich nötigte?

Jedenfalls empfand ich das so.

Als wir dann eine Strecke gefahren waren, vermisste ich mein Portemonnaie! Ich suchte verzweifelt überall, leerte meine Handtasche aus, alles wurde genau inspiziert: nichts, kein Portemonnaie, wirklich nichts! Verzweifelt bat ich meinen Mann, umzukehren zu dieser besagten Tankstelle, da nur könnte es sein, da hatte ich es zuletzt in der Hand gehabt! Also kehrten wir um, fragten die Verkäuferin an der Tankstelle, ob sich ein Portemonnaie angefunden habe. Sie schaute überall: am Tresen, in ihren Schubläden, nein, nichts, kein Portemonnaie war zu finden. Ich war in heller Aufregung! Und mir fiel nur noch als einzige mögliche Erklärung ein, dass ja der Kunde hinter mir mich so zur Eile angetrieben hatte. Ob der mir vielleicht dabei das Portemonnaie entwendet haben könnte? Mein Mann blieb trotz meiner Verzweiflung und Aufgeregtheit gelassen.

Es sei jetzt so spät geworden, zur Ostsee könnten wir es nun sowieso nicht mehr schaffen; wir könnten die Vermieter der Ferienwohnung anrufen und Bescheid geben, dass wir erst am nächsten Tag anreisen würden und dann sollten wir uns eine schöne Unterkunft gleich hier in der Nähe suchen.

Er schlug vor, es in dem Ort Netzeband zu versuchen, das nicht weit entfernt war und wo wir schon einmal an einer dieser wunderbaren Aufführung eines Theaterstückes teilgenommen hatten. Dort gäbe es ein schönes Hotel!

Ich war empört: "Ich habe mein Portemonnaie mit einigem Geld – und nicht zu wenig – verloren und Du willst in einem teuren Hotel übernachten?!?"

Aber langsam beruhigte ich mich und ließ mich tatsächlich überreden.

Es war wirklich ein schönes Hotel. Und als wir im Restaurant des Hotels zum Essen gingen, begegneten uns die Hotelbesitzer, die uns an ihren Tisch luden. Es entstand ein wunderbares Gespräch, in dem sie uns über die nicht immer einfache Situation in Netzeband erzählten. So erfuhren wir ungewollt von internen Schwierigkeiten, die man normalerweise nicht zu hören bekommt.

Am nächsten Morgen fuhren wir dann endlich doch noch zu unserem Urlaubsort an der Ostsee. Wir genossen den Urlaub, und mein Mann, der in einer Boutique ein schönes Portemonnaie entdeckt hatte, überraschte mich damit und schenkte es mir als Trost wegen des Verlustes des verlorengegangenen! So gelang ihm, eine misslichen Situation in etwas Schönes zu wandeln!

Schon die Hotelübernachtung war ja zu etwas Besonderem geworden und nun noch dieses hübsche Geschenk!

Wir hatten ein paar schöne Tage an der Ostsee!

Auch zu Hause sahen wir, dass nichts weiter passiert war; die Zinkwanne war lediglich sehr voll gelaufen... Das wirklich Überraschende an der Geschichte aber kommt noch, sozusagen das Finale!

Mein Mann fuhr nach Berlin, um dort etwas zu erledigen, ich blieb auf dem Land.

So bekam ich von meinem Mann einen Anruf, mit der Aufforderung, ich solle einen Zettel holen und etwas aufschreiben.

Er diktierte:" Das Porte-mon-naie..." „Was, das Portemonnaie??? Wieso soll ich das schreiben?" „Schreib bitte weiter: Das Porte- mon- naie - ist - wieder - da!"

„Wie?, Was????" „Ja" antwortete mein Mann: "Dein Portemonnaie ist wieder da!"

(Er liebte es, ein bisschen Spannung und Dramatik in die Ereignisse zu bringen!)

Und tatsächlich hatte mein Mann mein Portemonnaie zwischen dem Beifahrersitz und der Autotür gefunden!

Im Nachhinein muss ich noch Abbitte dem Kunden tun, der hinter mir an der Tankstellenkasse stand: Ich hatte ihn zu Unrecht in Gedanken beschuldigt! Ich beschloss ganz fest, niemanden mehr so vorschnell zu verdächtigen!

Fazit 1: Mach immer das beste aus jeder Situation!

Fazit 2: Sei nicht vorschnell mit der Beurteilung anderer Menschen!

*Hanne Pluns, Juli 2023*

# Im Spätsommer

Er ist fast im Vergehen, der SOMMER.

Die lauen Nächte am Balkon, auf der Bank im Garten,
am Strand – vorbei.

Möchte dich festhalten, – SOMMER mit all deiner
Pracht;

dem Purpur der Rosen, der Schmetterlinge Flügel-
schlag,

dem Zirpen der Grillen in bunter Wiese und der Vögel
Gesang.

Du bist so eilig – SOMMER, viel zu schnell.

Der September naht mit Melancholie.

Morgentau Veränderung kündet.

Kurz noch das Glück der Sonne, die uns wärmt.

Ja, Sonne und Regen in gutem Maß fürs Reifen und Werden

in Feld und Flur.

Der Mensch tut das Seine, die Natur ist pur.

SOMMER, kraftvoll spiegelst in 1000 Farben das Leben,

gehst über in goldenes Ernteglück.

SPÄTSOMMER, Erinnerungen so schön und

Hoffnung auf neue SOMMER und Herbste –

in der Natur und in uns drin.

Jetzt, selber bereits im Herbst des Lebens, ausruhen,

ein wenig nur und dankbar genießen.

Pläne schmieden für den neuen, ewigen Kreislauf von Leben und Tod.

*Margrit Prauß, August 2023*

# Hinaus in die Natur - zur Erholung pur.

Der Weg zum Wald, zum Steg über den Bach,
der ist schon alt, doch was ist das?
Der Weg ist gepflastert, die Brücke aus Stahl,
der Bach gerade wie ein Kanal.

Die Menschen haben aufgeräumt, das Gelände verwaltet,
die Natur ganz einfach umgestaltet.

Umgestaltet? Nein – einfach zerstört.
Auf Warnungen hat keiner gehört.
Doch nun hat die Natur sich gewehrt,
und mit Hochwasser die Orte der Menschen zerstört.

Die Welt ist aus dem Gleichgewicht,
doch so geht es auf die Dauer nicht.
Der Mensch hält sich für das Beste,
doch das ist er leider nicht.

Er zerstört die Natur, Grundlage unseres Lebens,
sorgt so für ihren Untergang. Einspruch vergebens.
Doch nicht nur die Natur geht verloren,
wir zerstören uns selbst – sind auch verloren.

*Eva Maria Kluck, geschrieben 06.03.2022*
*nach der Hochwasserkatastrophe 2021*

# Als Antje Frau Sonntag wurde

Es war im vergangenen Sommer als der Städtetrip nach Berlin und Potsdam endlich wahr wurde. Sechs Haushalte mussten dafür terminlich miteinander abgestimmt werden. Fünf „Mädels" aus Bayern kamen zu Beate und Hannes zu Besuch. Sie, allesamt Mamas um die „50", inclusive unserer großen Tochter. Die Vorfreude auf die bevorstehenden Tage ließ die lange Autofahrt schon zum ersten Highlight werden. Hannes, unser Schwiegersohn sah diesem Ereignis sehr offen und positiv gestimmt entgegen. Hat er dann doch viele, nette, lustige Frauen samt Schwägerin und Beate in seinem Haus. Er wird der „Hahn im Korbe" sein und ein guter Gastgeber sowieso. Ich muss erwähnen, dass die Freundinnen unserer Tochter aus Bayern uns allen, auch Beate und Hannes gut bekannt sind. Von Besuchen und Feiern in F.I. kennt und mag man sich. Schon seit langem wollte Dani den Mädels Berlin und ihre Heimat zeigen. Nun, – das Programm lief wie geplant. Die 6 Frauen, 5 + Beate, hatten Freude und Spaß. Hannes musste arbeiten. Für Tag 3, an dem Potsdam auf dem Plan stand, wollte er sich aber auch für ein paar Stunden zu ihnen gesellen. Gegen 19.00 Uhr waren die wichtigsten touristischen Sehenswürdigkeiten abgearbeitet. Die Damen einigten sich nun, den Tag beim „Italiener" ausklingen zu lassen. Man traf sich bei „Alfonso", einer netten Lokalität in der Nähe der Freundschaftsinsel. Das Wetter war perfekt, um draußen Pizza und leckere Drinks zu genießen. Hannes hatte einen Tisch bei Alfonso reserviert. Die Beiden kannten sich bereits von gelegentlichen Besuchen, wenn man in Potsdam war. Und da kamen sie auch schon – 6 Senioras. Alfonso staunte nicht schlecht über Hannes' Begleitung. Die Witzeleien der beiden gingen hin und her, immer mit italienischem Charme und Komplimenten für die Mädels. Alfonso: „So viele Schöne du hast, wie machen Hannes?" „Du sei Glücks – Pilz". Hannes: „Oh, man wächst mit seinen Aufgaben ...". Alfonso: „Merke Namen wie?"

„Du Hannes mache so: Montag, Dienstag, Mittwoch, Donnerstag, Freitag und Samstag". Dabei tippte er bei jedem Wochentag auf die Serviette der Lady. Nun hatte jede von ihnen einen Wochentag als neuen Namen und Alfonso war in seinem Element! Antje, eine gemeinsame Freundin unserer Töchter war ebenfalls mit der lustigen Runde verabredet. Das hatte Hannes noch nicht verraten.

Als Antje nun winkend um die Ecke kam, strahlten alle, besonders Alfonsos große, braune Augen. „Nun kommen auch noch Frau Sonntag, Hannes – ist kompletto jetzt"!

Seit diesem lustigen Pizzeriabesuch heißt Antje – „Frau Sonntag".

Den Namen hat sie seitdem und sie findet's auch nicht schlimm.

Die Stunden in Potsdam waren der Abschluss einer Kurzreise für

Beate – Montag,

Dani – Dienstag,

Astrid – Mittwoch,

Simone – Donnerstag,

Anja – Freitag,

Biene – Samstag und

Frau Sonntag!

*Margrit Prauß, Januar 2023*

# Der Vogelpark Teltow

## Ein echter Fan

Mein jüngster Enkel ist ein Fan des Teltower Vogelparks. Schon als er noch im Kinderwagen saß, war bei jedem Besuch in Teltow ein Kontrollgang im Vogelpark fällig. Im Alter von eineinhalb Jahren hatte er ein für ihn unvergessliches Erlebnis. Ein sehr junger Ziegenbock hatte keine Geduld, hinter dem Zaun auf seine Futterzuteilung durch die Kinder zu warten. Er war noch so klein, dass er sich unter dem Zaun hindurchzwängen konnte. Plötzlich stand er Auge in Auge vor unserem Kleinen und bediente sich selbständig an der Futtertüte. Der schwarze Ziegenbock namens Teufel verfolgte ihn anschließend durch den halben

Tierpark. Bei unserem nächsten Besuch passte das inzwischen größer gewordene Tier jedoch nicht mehr unter dem Zaun hindurch. Seitdem wird bei jeder schwarzen Ziege versucht, eine Ähnlichkeit zu „Teufel" zu entdecken bzw. das Verwandtschaftsverhältnis zu erraten.

## Das richtige Argument

Nach einem kräftigen Regenguss besuchten wir wieder den Vogelpark Teltow.

Mein Enkel kennt alle Ecken und bemerkt jede Veränderung. Wir standen gerade am Gehege von Herrn Hirsch und seiner Frau, die aber gar nicht zu sehen war. Beide schauten wir uns genau um, konnten sie aber nicht entdecken. Gedanklich noch bei der fehlenden Hirschkuh gingen wir an einer Pfütze vorbei. Plötzlich hörten wir es platschen und lachen. Ein kleines Mädchen in Matschhose und Gummistiefeln sprang fröhlich in der Pampe herum. Sie strahlte über das ganze Gesicht. Der Papa stand daneben und versuchte vergeblich, die Kleine mit einem Besuch bei den Pfauen zu locken. Ich beobachtete das Schauspiel und machte dem Vater keine Hoffnung, dass der Pfau einer Pfütze vorgezogen wird. Der Vater lächelte und rief: „Komm – wir suchen eine größere Pfütze!" und schon setze sich das kleine Mädchen in Bewegung. Mit dem richtigen Argument ist eben alles möglich. Mein praktisch veranlagter Enkel stellte dann später fest, dass die Pfützen vor unserer Haustür für die beiden 8,50 € billiger gewesen wären – also mindestens drei Portionen Eis.

Evelyn Barucker, Juni 2023

# Hobby - Beruf - geht nicht beides?

Ist ja manches mal nicht ganz einfach sich zu entscheiden. Wie schön wäre es, wenn man sein Hobby zum Beruf machen könnte. Ich habe es probiert.

Schon als Kind, noch nicht mal schulpflichtig, hatte ich ein Hobby. Malen. Wenn ich nicht gerade meinen Eltern das Unkraut zu vernichten helfen musste, einen Bogen Papier ergattert hatte, meinem älteren Bruder Buntstifte gemopst hatte, saß ich da und malte. Hatte ich keine Buntstifte ergattert, entstanden eben Geschichten aus Strichmännchen. Ein Bleistift ging auch, um meine Fantasie auf das Papier zu bringen. Zum Schulanfang malte ich dann ein Haus. Die Lehrerin glaubte nicht, dass ich das Bild allein gemalt hatte und bezichtigte mich der Lüge. Seitdem hasste ich die Schule.
Mein Vater hat mein Hobby sehr unterstützt. Zeigte mir, worauf man beim Zeichnen achten musste. Nur war die Zeit damals nicht gerade förderlich, um die Hobbywünsche zu erfüllen. Nach dem Ende des zweiten Weltkrieges war man froh, Schreibhefte zu bekommen. Zeichenpapier und Buntstifte oder sogar Tuschfarbe zu ergattern, war beinahe unmöglich.

Als ich vierzehn Jahre alt war, besuchte uns meine Klassenlehrerin. Sie bot meinen Eltern an, mir bei der Beschaffung einer Lehrstelle in unserer Sparkasse behilflich zu sein. Schließlich war ich eine der besten Schülerinnen im Bereich der Mathematik. Die von ihr erwartete Freude von mir blieb jedoch aus. Als sie weg war, heulte ich Rotzblasen. Ich hatte mir etwas anderes vorgenommen. Mein Berufswunsch war: Kostümbildnerin. Dazu war eine Lehre zur Maß-schneiderin notwendig und danach Meisterschule für das Kunsthandwerk. Oh Wunder – meine Eltern stimmten mir zu. Doch es gab leider keine entsprechende Lehrstelle. Erst ein Jahr später bekam ich dann doch noch eine Stelle. Bis dahin arbeitete ich in einer Kürschnerei und dann bei meinem Vater in seiner Mechanischen Werkstatt. Nach der Lehre bestand ich die Aufnahmeprüfung in der Meisterschule, was in meinem jugendlichen Alter von neunzehn Jahren, die andern Prüflinge waren alle gegen Ende zwanzig, recht ungewöhnlich war.

Doch dann platzten alle meine Träume, mein Hobby zum Beruf zu machen. Die Schule war in Westberlin und ich aber in der Russischen Zone wohnhaft. Nun wurden die Grenzen zwischen Ost und West geschlossen. Ich war aber nicht bereit meine Familie und meine Heimat aufzugeben, auch wenn sich mein Hobby – Berufswunsch in Rauch auflöste.

Inzwischen hatte ich geheiratet, mein Mann machte eine Umschulung mit einem Lohn von zweihundert MDN (Mark der Deutschen Notenbank). Um unseren Unterhalt bestreiten zu können, nähte ich für Bekannte und fertigte Gipsschnitte an, die ich gut verkaufen konnte. Doch irgendwer hat wohl der Gemeinde gesteckt, dass da jemand arbeitslos war und sich sogar Hunde leisten konnte. Ich wurde vorgeladen und zur Arbeit im Gemeinderat verdonnert. Mit Hilfe von Bekannten gelang mir dann die Kündigung und ich landete bei der Landwirtschaftsbank. Ironischer Weise wurde ich nun, wie von meiner Lehrerin vorgeschlagen, Mitarbeiterin in der Finanzwirtschaft.

Hobby – Beruf – ade! Beruf Finanzen nun doch Wirklichkeit.

Die Zeit bei der Bank endete nach fünf Jahren mit der Geburt meines Sohnes. Arbeitszeit und Baby waren nach meinem Verständnis nicht zu vereinbaren. Die Landwirtschaftsbank war in Potsdam und ich wohnte in Kleinmachnow. Fahrzeit mit Bus und Straßenbahn mit zwei Mal umsteigen eine gute Stunde. Ich wäre also wenigstens zehn Stunden außer Haus gewesen.

Hätte mein Kind praktisch nur schlafend gesehen. Aber da habe ich doch noch mein Hobby. So wurde mein Hobby wieder zu meinem Beruf.

Das gefiel natürlich wieder der Gemeinde nicht. War in der DDR so nicht vorgesehen. Also wieder Hobby ade. Finanzberuf wieder her, und so wurde ich Finanzbearbeiter beim Gesundheitswesen. Geholfen hat mir die Zeit bei der Bank, die nicht nur das Finanzgeschäft, sondern auch das Wirtschaftsgeschehen umfasste.

Nun ja – wenn es auch manchmal weh tut, was ich mache, mache ich richtig und so gelang es mir, neben meiner Arbeit, den Beruf des Wirtschaftskaufmannes, mit Empfehlung zum Finanzstudium zu erlangen. Letzteres stand wieder kontra zur Familie. Und so setzte ich meine Kenntnisse und meine Arbeitskraft für die Leitung der Finanzleitung des Gesundheitszentrums ein. Auf das Ökonomie-Studium habe ich verzichtet.

So ging ich auch in die Wende. Es war eine schwere aber auch interessante Zeit. Es gelang uns, unsere Einrichtung, unser Gesundheitszentrum, zu erhalten. Auch ich konnte meine Stellung als Verantwortliche für Finanzen weiter führen und sogar weiter ausbauen ....

Doch dann kam, kurz vor dem Rentenalter, mein im

Berufsleben vernachlässigtes Hobby um die Ecke. Ich übernahm des Seniorenbüro "AVUS". Darin waren viele kulturelle Angebote angesiedelt. Die konnte ich nicht nur weiterführen, sondern auch erweitern. Meine Hobbykenntnisse über das Kunsthandwerk waren da sehr hilfreich.

Allerdings veränderte ich die persönliche Zielstellung etwas. War vorher die Malerei und Gestaltung vorwiegend, so kam ich jetzt zum Schreiben. Mit Leserbriefen fing es an, über bissige Berichte von Tagungen, bis hin zu kleinen Geschichten und Anekdoten aus der Erinnerung. Nun im Rentenalter ist da schon einiges zusammengekommen und es macht mir sehr viel Freude und gibt dem Leben einen Sinn.

So hat sich mein Berufsleben am Ende bis zum Rentenalter und noch darüber hinaus, mit meinem Hobby verbinden lassen.

*Eva Maria Kluck, November 2023*

# Unerwartetes oder: Unerwartete Wendung

Vor vielen Jahren – ich glaube, es war 2004 – hatte ich eine Ausstellung in der Galerie „Zum Alten Warmbad" in Buckow, der kleinen hübschen Stadt in der Märkischen Schweiz.

Schon damals malte ich nicht nur, sondern schrieb kleine Gedichte, oft kurze Abrisse über meine Gedanken. Die damalige Galeristin gab mir die Möglichkeit, eins meiner Gedichte auf eine große Leinwand zu schreiben, um das dann draußen an die Wand sozusagen als Empfang der Besucher, aber auch für Vorübergehende – sicht- und lesbar zu machen.

Mit großen Buchstaben malte ich dann dieses Gedicht auf die Leinwand:

Unterwegs
von einem ort zum anderen
altes verlassen
neues entdecken
muster erkennen
verbindungen schaffen

wege finden ohne ziel
ziele setzen ohne wege

unverhofftes Glück

(Hanne Pluns)

Eines Tages bekam ich einen Anruf von einer jungen Frau. Sie fragte mich, ob sie die Leinwand mit dem Gedicht kaufen könne. Erstaunt und verblüfft wollte ich wissen, was der Grund sei für diesen Wunsch. Ich hatte nicht vorgehabt, diese Leinwand zu veräußern.

Das wolle sie mir ausführlicher erläutern und habe vor, mich in unserem Verkaufsatelier in Buckow zu besuchen, wenn ich dort Dienst hätte. So verabredeten wir uns also. Sie kam und erzählte mir folgende Geschichte:
Sie wohnte damals in Düsseldorf, wo sie einen festen

Freund hatte. Dieser Freund nun erläuterte ihr völlig überraschend, dass er ein Jobangebot in Berlin bekommen habe und das auch annehmen wolle. Und er fragte sie auch, ob sie mit ihm mitkommen möchte. Das stürzte sie in Verwirrung; sie fühlte sich wohl in Düsseldorf, und sie liebte ihren Freund! Was war zu tun?

In dieser Zeit der Verwirrung, ja, der Verzweiflung, besuchte sie Freunde in Buckow. Sie spazierte mit ihnen durch's Städtchen, während sie ihr Problem mit den Fragen – Weggehen und ihm folgen, oder Bleiben und ihn verlieren – erörterten.

Justament da kam sie zur Galerie, blieb stehen und las mein Gedicht... und – wie sie mir erzählte, wusste sie sofort, was sie tun würde: ihrem Freund folgen!

Das teilte sie ihrem Freund so schnell wie möglich mit. Dieser freute sich riesig. Sie offenbarte ihm noch, was denn diese unverhoffte Wendung ausgelöst hätte, nämlich dieses Gedicht – und sie las es ihm vor –, da nahm er sie gerührt in die Arme und ... machte ihr einen Heiratsantrag!

Und nun wolle sie mir die Leinwand abkaufen, um

ihm das Gedicht als Hochzeitsgeschenk zu überreichen!

Sie bekam natürlich dieses Gedicht von mir; sie musste es nicht kaufen, denn selbstverständlich schenkte ich ihr die Leinwand.

Später erzählte sie mir, sie hätten es sich über ihr Bett gehängt, um sich immer an diese wunderbare Fügung zu erinnern.

*Hanne Pluns, Mai 2023*

# Vergessen

Einsam in des Kellers dunklem Verlies
schmachtet traurig eine längst vergess'ne Pflanze.
Sie fiel ja völlig aus dem Kopfe mir,
das war ihr großes Unglück – so das Ganze.

Die Winterzeit – geschützt vor Kälte und dem Tode
des Erfrierens
ließ sie sich's eine Weile gut ergeh'n.
In Hoffnung auf des Frühlings warme Sonne
träumte sie so süß vom bald'gen Aufersteh'n.

Doch ach: kein Wasser und kein heller Sonnenstrahl
erlöste sie von ihrer langen Qual!
Und trotzig streckte sie die Triebe in die Höhe:
„Schau her, hier bin ich, komm' in meine Nähe!"

Die bleichen Pflanzentriebe fielen endlich auf,
so nahm das Schicksal einen glücklichen Verlauf.
„Komm her du Arme, dass ich dich erlöse
und verzeih' die Blindheit mir, die böse!"

Will die Pflanze pflegen voller Eifer nun,
bis sie wächst und Blüten zeigt, nicht ruh'n.
Im nächsten Jahr geb' ich bestimmt mehr acht,
den gleichen Fehler man nicht zweimal macht!

*Hannelore Wolf, Juni 2023*

# Alltags - Freuden ...

Ein kleiner Traum kann Wahrheit werden,
lebt man bescheiden hier auf Erden.

Zwei Frauen woll'n beide ein Kleid sich kaufen,
sind zum Laden hingelaufen.

Der Laden ist klein, die Auswahl recht groß –
wie findet man das Richtige bloß?

Die eine liebt Farben, die leuchten so bunt.
Die zweite macht einen anderen Fund.

Sie wählt aus der Vielfalt ein Kleid mit Bedacht,
es scheint so, als wär es für sie gemacht.

Die beiden Frauen voll Freude strahlen:
„Das war ein Kauf ganz ohne Qualen!"

So kann der Alltag Glück uns bringen,
wenn kleine Dinge gut gelingen!

Hannelore Wolf, August 2023

# Herbstzeichen

Wenn der Wind pfeift durchs Geäst,
das Laub geschwinde tanzen lässt.
Wenn glänzend- braune Kugeln fallen
von den Kastanienbäumen allen.

Wenn dunkle Wolkenberge ziehen
und die Gänse südwärts fliehen.
Wenn Eichhörnchen eifrig Futter verstecken,
wenn Igel einen Schlafplatz entdecken,
der sie beschützt beim Winterschlaf,
kein Tier ihre Ruhe stören darf.

Wenn die Mützenzeit beginnt,
der Regen von den Scheiben rinnt.
Wenn kurz der Tag – viel Dunkelheit-
bringt Kerzenschein und Kuschelzeit.

Wenn wir spüren: nun wird's kühl!
sagt uns unser Wohlgefühl –
ob wir wollen oder nicht –
der Herbst ist da, glaubt ihr es nicht?!

Schaut nur an des Herbstes Zeichen –
der Sommer muss ihm leider weichen.
Doch auch der Herbst hat schöne Tage –,
ne gold'ne Zeit, ganz ohne Frage.

*Hannelore Wolf, Oktober 2022*

# Gewitter

In diesem Sommer wurden häufig Gewitter mit Sturmböen, Hagelschauern und sogar Tornados angekündigt. Schön, dass wir hier in Teltow noch weitestgehend davon verschont wurden. Die Bilder, die wir uns dazu im Fernseher anschauen können, zeigen verheerende Zerstörungen, nicht selten kommen auch Menschen zu Schaden. Allein bei solchen Vorhersagen erschrecke ich mich jedes Mal. Meine Gedanken gehen unweigerlich zurück in die Kindheit, weil für mich am Anfang meiner bewussten Lebensgeschichte das Gewitter steht. Es gibt auch hier ein erstes Mal. Durch Wiederholungen dieser Ereignisse bleibt Erlebtes tiefer im Gedächtnis haften.

### *Meine erste bewusste Berührung mit einem Gewitter*

Ich war noch ein Vorschulkind, etwa 4 Jahre. Wie heiß der Sommertag war oder wie schwül, kann ich nicht sagen. Für mich verlief alles normal. In der Nacht weckte mich meine Mutter energisch, unmissverständlich wurde mir klargemacht, dass ich mich anziehen und nach unten ins Wohnzimmer kommen soll. Erschrocken setzte ich mich ins Bett und folgte der klaren Anweisung. Ich spürte Angst in den Worten meiner Mutter und wusste sie nicht zu deuten. Unten in der Stube angekommen, saß hier bereits meine gesamte Familie. Alle waren angezogen, als würden sie verreisen wollen. Meine Mutter holte auch für mich Mütze und Jacke. Ich war jedoch nur müde, versuchte auf dem Sofa einzuschlafen und wartete darauf, wieder zurück in mein Bett zu dürfen. Meine Eltern und Großmutter saßen schweigend da und lauschten dem Verlauf des Gewitters. „Oh, das Gewitter kommt näher", hörte ich meine Mutter ängstlich sagen. Plötzlich krachte es, mein Vater fuhr hoch und verließ eilig den Raum. Ich hatte keine Ahnung, wonach er geschaut haben mag. Nach einer Weile kam er zurück und beruhigte meine Mutter und Großmutter mit den Worten: „Alles ist in Ordnung. Das Gewitter zieht über dem Wald ab." Nach einer kurzen Weile, auch mit der Gewissheit, dass das über uns gestandene Gewitter auch wirklich weitergezogen ist, durfte ich wieder zurück in mein Bett.

Wäre dies ein einmaliges Ereignis, hätte ich es möglicherweise vergessen und ihm gar keine Bedeutung beigemessen. Doch es wiederholte sich in jedem Sommer etwa 2-3mal. Es wurde zu einem Ritual mit immer dem gleichen Ausgang – solange ich zu Hause ständig lebte, bis zu meinem 15. Lebensjahr.

## *Potz Blitz und Donner*

Als ich etwa 6 Jahre alt war und kurz vor der Einschu-
lung stand, erfuhr ich von meinen Eltern den wahren
Grund für ihre Angst bei Gewitter. Sie berichteten,
dass mein Elternhaus, noch bevor ich geboren war,
durch zwei große Blitzeinschläge stark getroffen wur-
de. Die Blitze verursachten erhebliche Schäden am
Gebäude und am danebenstehenden Baumbestand.
Nun war es schon erstaunlich, dass sich Blitzein-
schläge so häuften. Mein Vater ließ dafür die Ursache
ermitteln. Im Ergebnis wurde festgestellt, dass un-
ter unserem Haus eine Wasserader entlangläuft, die
eine hohe Anziehungskraft für Blitzeinschläge ha-
ben kann. Dieses Wissen trug nicht zur Entspannung
bei, sondern beunruhigte uns eher noch mehr und
verschärfte die Situation. Meine Eltern schienen mit
einer Gewissheit davon auszugehen, dass wir unser
Haus durch einen Blitzschlag verlieren könnten. Also
blieb das Ritual bestehen – bei einem Gewitter nachts
aufzustehen und reisefertig anzukleiden.

Meine Oma, die sich eine Anziehungskraft vom Was-
ser als Ursache für Blitzeinschläge nicht vorstellen

konnte und zudem sehr religiös war, vertrat die Meinung, dass Gott uns mit dem Gewitter bestrafen wolle. Dies sprach sie auch offen an und bat darum, Gott dafür zu danken, wenn wir unbeschadet aus einem Gewitter herauskamen. Dies blieb nicht ohne Wirkung auf meine Entwicklung.

Nun gab es nicht nur nachts Gewitter, sondern auch tagsüber. Wenn das Brodeln eines Gewitters begann, suchte ich schon als kleines Kind einen Raum ohne Fenster auf. Ich ging in den Flur, setzt mich still in eine Ecke und wartete bis das Gewitter vorüber war. Wenn es lange andauerte, hörte ich mich auch beten: „Lieber Gott, lass das Gewitter zu Ende gehen, verschone unser Haus, meine Eltern und unsere Tiere." Meine Oma nutze zudem meine Angst noch aus und wollte mich zu einem besseren Menschen erziehen. Sie erklärte mir, dass mich der „liebe Gott für meine Ungezogenheiten bestrafen" würde. Sie kannte mich nur zu gut und wusste um die Dinge, die ich als kleines Kind schon „falsch" gemacht haben sollte.
Sie versuchte, mithilfe des Gewitters, mich Furcht und Demut vor Gott zu lehren. Mit jedem weiteren Gewitter wurde es schlimmer. Anstelle, dass die Eltern dem Kind diese Angst nehmen, waren sie doch selbst in diesem Teufelskreis. Bei Gewitter wurde

ich unruhig, nervös, panisch, hatte keinen Appetit, konnte mit niemandem reden – wenn ich allein in der Wohnung war, verkroch ich mich – dies ist sogar heute noch so. Welche Alternative hätte ich in meiner Kindheit wählen können, damit anders umzugehen?

### *Kuriose Gewittererlebnisse*

Mein damaliger Freund aus Dresden hatte die Idee, mich zu Pfingsten 1971 in meinem Elternhaus zu besuchen. Meine Eltern stimmten zu und freuten sich, ihn auch endlich persönlich kennenzulernen. Sie hatten schon lange vor, die Stube vorzurichten, nahmen den bevorstehenden Besuch zum Anlass, dies zu tun. Bevor der Maler kam, wurde der Maurer aktiv und hatte die längst überfälligen, auf dem Putz liegenden Kabel unter Putz verlegt. Alles sah so schön wie neu aus. Ich war zu dieser Zeit schon im Internat und kam nur an den Wochenenden nach Hause, so auch zu Pfingsten.

Nun passierte etwas, was keiner hätte vorhersehen können und für diese frühlingshafte Jahreszeit auch durchaus nicht üblich war: Am Freitagabend – also am Vortag unserer beiden Anreisen bei meinen Eltern – zog ein schweres Gewitter über unseren Ort.

Bei uns schlug der Blitz ein – meine Mutter sprach von einem „Kugelblitz", der die Fensterscheibe zum Treppenhaus durchschlagen hatte und in den elektrischen Sicherungs- und Verteilerkasten einschlug. Die von hier abgehenden Leitungen wurden sehr heiß, sodass in der Stube die frisch unter Putz verlegten Kabel verschmorten, ihre Lage in der Wand wurde wieder auf der Wand sichtbar. Dies ging einher mit einem totalen Stromausfall. Und was das bedeutet, merkt man erst, wenn man ihn erlebt. Der zum Blitzeinschlag gehörende Donnerschlag war so heftig, dass unser Pferd und auch meine Oma taub wurden. Meine Oma musste im Krankenhaus untersucht werden, sie erholte sich im Laufe der nächsten Wochen – das Pferd leider nicht.

Meinen Eltern, die so Vieles für den Besuch vorbereitet hatten, standen nun da. Sie waren sehr traurig, beinahe untröstlich über dieses Vorkommnis. Doch, meine Mutter machte das Beste aus der Situation. Sie sagte: „Dann feiern wir halt Weihnachten!" Wir holten alle übriggebliebenen Kerzen von Weinachten. Sie hatte zu Pfingsten noch ein Westpaket mit Apfelsinen und Schokolade erhalten, sodass unser „Weihnachtliches Pfingsten" fast perfekt war. Mein Freund hatte sich sehr wohl gefühlt.

Inzwischen sind einige Jahre vergangen.

Ich hatte begriffen, dass ich mich grundsätzlich in einem modernen Wohnhaus vor Gewitter und Blitzeinschlag nicht fürchten muss. Mein Mann sagte mir bei unserem Einzug in die 2-Raum-Neubauwohnung: „Hier sind wir sicher." Doch diese Sicherheit war trügerisch. An einem frühen Morgen, kurz vor 6 Uhr, im Sommer des Jahres 1982, war ein Gewittergrummeln zu hören. Das Gewitter schien eher abzuwandern als stärker zu werden. Wir nahmen es kaum wahr. Nach einer längeren Phase der Ruhe sahen wir einen grellen Blitz begleitet von einem mächtigen Knall. Wir haben uns sehr erschrocken. Es musste in der Nähe einen Blitzeinschlag gegeben haben. Was ist passiert? Der Blitz ist eingeschlagen in unseren Neubaublock - nicht irgendwo, nein, in unseren Aufgang, von denen es 5 in unserem Block gab - und traf die schräg über uns liegende Wohnung. Hier wohnte ein Arbeitskollege von mir, der dadurch einige elektrische Geräte einbüßte, auch die nigelnagelneue Stereoanlage, weil er vergaß, die Stecker zu ziehen. Als ich dies hörte, litt ich für einige Zeit an Verfolgungswahn. Ich traute nun auch nicht mehr der Sicherheit im Neubaublock.

Fazit: Ich bin froh darüber, dass meine Kinder keine Angst vor Gewitter haben, dass mein Mann ihnen schon im Kleinkindalter gezeigt hatte, wie fantastisch Blitze leuchten und der Donner einfach dazugehört und dass man gut berechnen kann, wie weit ein Gewitter noch entfernt ist. So lernten sie spielerisch mit dem Wetterphänomen umzugehen. Er brachte ihnen auch bei, ganz ohne Angst zu sein, sich jedoch im Freien vor Gewitter zu schützen. Auch haben wir unsere Kinder niemals bei Gewitter in der Nacht geweckt. Mir gegenüber zeigte und zeigt mein Mann sehr viel Verständnis, er akzeptiert, dass ich immer noch sehr ängstlich bei Gewitter bin und eher einen Raum ohne Fenster aufsuche, obwohl wir ein Haus mit Blitzableiter haben.

*Christiane Eisold, Juli 2023*

# Teestunde

Uns're netten Nachbarsleut' wollen wir besuchen.
Sie haben eingeladen heut' zu Kaffee und zu Kuchen.
Oh nein, es gibt mal nicht Kaffee - ein Tee ist zu probieren.
'Nen typischen Ostfriesen-Trank möchte man servieren.

Zunächst erfährt der Gast genau das Ritual der Runde.
Bevor den Tee man trinken kann, folgt die Erklärungsstunde.
Das Zubehör ist Tradition, so sagt es jeder Kenner.
Es ist ein Brauch seit Jahren schon und bringt es auf den Nenner.

Das Teegeschirr aus Porzellan, mit Kluntje-Pott und Zange,
den Sahne-Löffel noch dazu - so kennt man es schon lange.
Auf lose-Broken-Mischung Tee das kochend' Wasser gießen.
Nach vier Minuten Ziehezeit der Trank ist zu genießen.

Man gibt die weißen Kluntje-Stück' mit Zange in die Tassen.
Den heißen Tee zum Teil dazu, so soll's dem Gaste passen.
Vom Kluntje hört man einen Ton, wenn sie vor Hitze springen.
Welch' interessante Tradition, ein Tee-Lied könnt' man singen!

Nun greift zum Sahnelöffel man, die Sahne aufzulegen:
am Tassenrande ringsherum – dem Uhrzeigersinn entgegen.
Kein umrühren – wie's üblich ist – folgt diesem letzten Gange.
Die Sahnewölkchen türmen sich in allen Tassen lange.

Ein jeder nun genießen mag drei Tassen von dem Tranke.
Nach diesem herrlichen Genuss sagen wir gern: Danke!

*Hannelore Wolf, Juli 2023*

# Müdigkeit

Lang schon such' ich dir
einen Namen zu geben,
gewaltiger Widersacher.
Du legst mir dein Joch auf,
den trägen Sandsack,
deinen stumpfen Hammer.
Du machst mich zum Knecht.
Dich trage ich vom Feld
zur Abendsuppe.
Ich fühl' deine Last,
wenn der Mond sich hebt
und die Fledermaus fliegt.
Die anderen am Tisch
nennen mich Träumer,
während mein Haupt sich neigt vor dir.
Hart an der Niederlage.

*Gela, 2022*

# Tierisch - Menschlich

Die Menschheit dichtet dann und wann
der Tierwelt 'nen Charakter an.

So findet man bei vielen Tieren –
ob mit zwei Beinen oder vieren –
was Menschenhirn sich ausgedacht
und uns das Tierreich menschlich macht.

Nun fang' ich mit dem Affen an,
den man gelehrig nennen kann.

Ein glatter Aal hat's leicht im Leben,
es soll davon so manchen geben.

Der Bär als stark ist uns bekannt,
die fleißige Biene sei auch genannt.

Der freche Dachs macht sich's bequem,
in seiner Höhle angenehm.

'Nen sturen Esel – welche Plage –
kann nichts bewegen manche Tage.

Kommt die diebische Elster geflogen:
sie stiehlt sogar Schmuck – ganz ungelogen.

Die lästige Fliege hat keiner gern,
vom schlauen Fuchs hält man sich fern.

Des Menschen Freund: ein treuer Hund!
Er bellt niemals ohne Grund.

Wie ein Hase ängstlich sein –
bringt im Leben uns nichts ein.

Die verspielte kleine Katze –
hat scharfe Krallen an der Tatze.

Wer wie ein frommes Lamm aussieht,
ist manchmal ein verkappter Dieb.

Hört auf den weisen Marabu,
mit Rat und Tat hilft er im Nu.

Ein wildes Pferd kann man bezwingen:
mit viel Geduld wird es gelingen.

Der eitle Pfau stolziert umher,
sein buntes „Rad" bestaunt man sehr.

Das scheue Reh – man sieht es kaum –
erscheint manchmal am Waldessaum.

Die kluge Spinne ein Netz ausspannt,
so manches Insekt den Tod darin fand.

Ein stolzer Schwan, schön anzuschauen,
die Schwanenkinder ihm vertrauen.

Die falsche Schlange im Grase wartet,
mit starrem Blick den Angriff startet.

Ein ungeschicktes Trampeltier
will niemand haben in seinem Revier.

Flink wie ein Wiesel sein bringt Glück,
man kommt voran ein gutes Stück.

So gäbe es noch weiter –
ob ernst oder auch heiter –
der Beispiele, wie Mensch und Tier –
sich im Verhalten gleichen –
doch soll es uns nun reichen!

*Hannelore Wolf, 2022*

# Eine Reise mit Hindernissen

Es war im Jahr 2019, als mich meine Wanderfreundin Ingrid fragte, ob ich sie bei einer Fahrt nach Kroatien begleiten würde. Wir waren vor Jahren mit unserem Wanderverein dort gewesen. So wußte ich, daß das Land an der Adria liegt und früher zu Jugoslawien gehörte. Heute ist es selbständig. Ich sagte zu und wartete nun auf Informationen über diese Reise.

Da kam die Corona-Pandemie dazwischen und die Fahrt wurde verschoben. 2021 hörte ich wieder etwas von ihr. Es sollten 500 Euro für sie bezahlt werden. Ich gab Ingrid das Geld. Dann zog sich der Antritt der Reise noch bis April 2022 hin. Nachdem Ingrid mir gesagt hatte, daß es vom ZOB in Berlin losgehe, teilte sie mir kurzfristig mit, daß ich zu ihr kommen sollte. Wir würden von Ludwigsfelde abgeholt werden. So begann endlich unsere Fahrt vom 8. bis 13.4.22 nach Crikvenica, Hotel Mediteran am 8.4., am späten Nachmittag in einem Kleinbus, in den nur 10 Personen passen. Wir führen über Königs Wusterhausen, Dresden, Kronach - nach München. Dort wurden wir in einen großen Bus, der aus Hamburg kam, umgeladen. Es war nach Mitternacht, als wir von München losfuhren. Dann ging es über Salzburg, Bad Gastein, Spittal, Villach, Rijeka nach Kroatien.

Endlich kamen wir am Morgen des 9.4. in Crikvenica an, belegten unser Zimmer und bekamen ein gutes, vielfältiges Frühstück. Danach ging es zu einer Verkaufsveranstaltung. Wir sollten unbedingt eine Matratze bestellen, die der Gesundheit angeblich soooo sehr dient. Diese Veranstaltung ging bis mittags. Dann gab es Mittagessen. Ein Teil der Reisegruppe machte nun eine Fahrt. Ich nahm nicht an ihr teil, weil ich müde war, sondern ging am Strand entlang, fand Muscheln und Steine, die mir gefielen und machte Pausen, hörte dem Rauschen der Wellen zu.

Am nächsten Tag fuhren wir nach Poreč, einer Stadt auf Istrien. Kurz vor der Ankunft in der Stadt kamen wir zu einer Bucht. Dort stand ein Boot bereit. Mit diesem fuhr ein großer Teil unserer Gruppe nach Poreč und sah sich kurz die Stadt an. Ingrid und ich fuhren nicht mit, sondern gingen am Ufer der Bucht spazieren, bis das Boot zurückkam. Dann fuhren wir mit dem Bus zum Hotel zurück, aßen Abendbrot, sprachen noch über den Tag und gingen danach schlafen.

Am nächsten Tag hatten wir nämlich wieder eine Busfahrt vor. Sie ging nach Pula, was auch auf Istrien liegt. Diesmal fuhren wir bis in die Stadt. Dort wurde der Bus am Hafen abgestellt. Dann machten wir zu Fuß einen Stadtrundgang. Zuerst kamen wir an ein Kolosseum, das die Römer vor ca. 2000 Jahren erbauten und wo Gladiatorenkämpfe stattgefunden hatten. Später wurde es noch zu anderen Veranstaltungen im Mittelalter genutzt. Nachdem wir uns an dieser Sehenswürdigkeit „sattgesehen" hatten, staunten wir noch über die gut erhaltene Altstadt Pulas.

Später konnten wir die Stadt „auf eigene Faust" erkunden, sollten aber um 13:00 Uhr wieder am Bus sein. Das klappte gut. Alle Mitreisenden waren pünktlich wieder da. Nun fuhren wir wieder zum Hotel zurück, aßen dort zum letzten Mal Abendbrot und packen unsere Koffer. Am nächsten Morgen, nach dem Frühstück, als wir das Gepäck verladen hatten, machten wir uns, in umgekehrter Reihenfolge, auf die Heimreise. Zuerst gemeinsam nach München im großen Bus, dort umladen in den Kleinbus.
Dann begann die Fahrt über Kronach, Dresden, Beeskow nach Ludwigsfelde. Dort kamen wir erst nach Mitternacht an – kein öffentlicher Bus fuhr mehr

nach Teltow. Meine Bitte an den Busfahrer, mich nach Teltow zu bringen, schlug er ab. Ingrid bot mir an, daß ich bei ihr übernachten könne und ich nahm es an. Am nächsten Morgen fuhr ich dann mit dem Bus zurück nach Teltow. Zuhause angekommen, stellte ich mein Gepäck ab, legte mich noch einmal hin und schlief bis zum Mittag.

Ja, wenn einer eine Reise tut, dann kann er was erzählen …

Gela, 6. Mai 2022

# 31. Oktober - Halloween

Halloween ist ein Brauch, den es schon lange in anderen Ländern gibt.

Denk ich an Halloween, dann öffnet sich mir mein Herz. Bei uns schwappte diese Welle erst in den 90iger Jahren an. Ich weiß nicht mehr genau, ab wann ich mich dafür interessierte.

Mit der Zeit gab es immer mehr Dekorationsgegenstände zu diesem Thema im Handel, womit ich mich dann auch reichlich eindeckte und so fing ich an, Halloween toll zu finden. Der 31. Oktober ist in unserem Bundesland ein Feiertag und so konnte ich schon am frühen Nachmittag damit anfangen den Garten und das Haus zu dekorieren. Im Garten wurden überall Kerzen, in bunten Gläsern, aufgestellt. Ein Kürbis wurde ausgehöhlt und ein gruseliges Gesicht hinein geschnitzt. Mit einer Kerze im Inneren wurde er mal auf den Tisch auf der Terrasse oder vorn an die Eingangstür gestellt. Meinen Mann konnte ich auch für die Dekoration begeistern.
So stellte er ein Skelett mit rot leuchtenden Augen an das Fenster im Bad, später wurde es im Außenbe-

reich, über dem Badfenster – fliegend – angebracht. Es gab schaurige Geräusche aus Lautsprechern, die hinter den Blumenkästen auf der Fensterbank standen.

Süßes war in Massen vorhanden, auch gab es mal etwas Gesundes: Mandarinen mit einem Kürbisgesicht. Das Aussehen musste natürlich auch stimmen, denn einfach natürlich die Tür aufmachen, das ging nicht. Ich toupierte mir die Haare richtig stark auf und malte mir die Augen ganz dunkel an.

Als es dunkel wurde ging es los. In den ersten Jahren waren es nicht ganz so viele Kinder wie zuletzt. Über die Jahre hatte sich wohl herumgesprochen, dass wir ein schön dekoriertes Haus haben, es viele Süßigkeiten gab und eine Hexe die Tür öffnete. Zudem hatte ich auch immer wunderbare gruselige Handschuhe an.

Es begleiteten mich über die Jahre auch viele Kinder, die sich immer verabschiedeten „Bis zum nächsten Jahr". Alle mussten ein Gedicht, einen Spruch oder ein Lied vortragen, sonst gab es nichts. Die ganz kleinen Kinder, mit ihren Eltern, hatten schon Angst und sagten nichts. Sie bekamen aber trotzdem eine

Handvoll Süßes und sie freuten sich.
Die Angst war dann nicht mehr so groß.

Später machten wir Strichlisten. Mein Mann saß dann in der Küche und ich rief ihm nur noch die Personenzahl zu. Ich glaube 85 Besucher waren mal der Rekord. Es gab Zeiten, da standen sie am Zaun an und ich musste alle abarbeiten. Das volle Programm. Das heißt, Tür zu, klingeln oder klopfen abwarten, Tür gruselig aufmachen. Geräusch anschalten, mit den gruseligen Händen von innen an die Scheibe klopfen, langsam die Tür einen Spalt öffnen, eine Hand nach der anderen rausstrecken und dann die Tür ganz aufmachen und gruselig rausgucken.

Manche Jugendliche kamen auch zweimal mit anderen, ich habe sie erkannt und dann ermahnt. Einmal hat mir ein Mädchen ein Geschenk gegeben, ein kleines selbstgebasteltes Gespenst und ein geschriebenes Gedicht auf einer Rolle Papier. Das habe ich heute noch.
Wir haben auch schon einmal eine Halloweenparty mit der Familie bei uns gefeiert. Alle waren verkleidet und es gab gruseliges Essen, wie zum Beispiel Wiener in Fingerform oder Götterspeise in Handform und es gab eine leckere Schlammbowle.

Mit der Zeit habe ich den Spaß und die Lust an Halloween verloren, es wurden unter anderem Kürbisse geklaut oder nach Bier gefragt. In der Corona-Zeit habe ich anfangs ein Schild aufgestellt mit der Aufschrift „Der Gesundheit zur Liebe. Heute geschlossen." 2022 haben wir dann das Schild nicht mehr aufgestellt.

Die Zeiten und die Kinder haben sich geändert, und das ist nicht mehr meins.

*Ellen Wutschik, Februar 2023*

# Gedanken einer Tanne

Ich stehe hier im Walde
nun schon so manchen Tag.
Mir ist schon Angst und Bange,
daß gar keiner mich mag,
zum Weihnachtsfest mich holen,
auf ganz, ganz leisen Sohlen.

Doch horch! Da kommt jemand geschwind.
Es ist ein ziemlich großes „Kind".
Dann sägt es mich ab.
Ein Schmerz durchfährt mich,
nicht zu knapp.

Er nimmt mich mit nach Hause.
Es ist der Edwin Krause. Er sagt:
„So mein Guter, Bester,
du bist für meine kleine Schwester
zum Nikolaustag.

Wir können keinen Baum uns kaufen.
Es ist zum Haare raufen"!

Dann hört er auf. Ich denke:
Bald liegen bei mir die Geschenke.
Ich bin geschmückt, mit Spitze oben drauf:
Und wisst ihr was?
Ich freue mich schon sehr darauf.

*Gela, 16. November 2022*

# Gedanken zur Weihnacht'

„Friede auf Erden" – allein schon wegen dieser drei Worte ist das Weihnachtsfest der schönste Feiertag des Jahres! Die darin enthaltene Botschaft ist ein Auftrag mitzuhelfen, den Frieden für alle Menschen zur Selbstverständlichkeit werden zu lassen.

Nun naht sie wieder, die Weihnachtszeit – diese wunderbare Zeit mit all' ihrem Zauber von buntem Lichterglanz, geschmückten Häusern, dem würzigen Duft von Glühwein und gebrannten Mandeln...

Weihnachtliche Klänge ertönen allerorten und begleiten die hastenden Menschen bei ihren Vorbereitungen auf die Feiertage. Wo bleibt bei diesem lauten Trubel die Vorfreude auf das schönste Fest im Jahr?!

Meine Gedanken wandern zurück in die Zeit der Kindheit. Es waren schwere Jahre für alle, besonders aber für die Menschen, die ihre Heimat verloren hatten. Doch sie verzweifelten nicht und wagten einen Neuanfang in den zerstörten Städten und Dörfern. Welch' ein gewaltiger Unterschied zwischen damals und heute! Trotz aller bescheidenen Freuden erinnern wir uns gern an Weihnachten und die Freude darauf. Im Monat Dezember begannen in den Familien die Vorbereitungen auf das Weihnachtsfest. Die Väter oder größeren Söhne wählten im entfernt gelegenen Wald ein Bäumchen aus.

Später zogen sie, mit Äxten und Sägen ausgerüstet, in der beginnenden Dunkelheit los. Leise und möglichst unsichtbar gingen sie ans Werk, um ihren Anteil am Gelingen des Festes zu sichern. Nur nicht dem Förster in die Arme laufen – das hätte unangenehme Folgen für sie. Der Schmuck für den Tannenbaum, gut verpackt in Pappkartons, kam erst am Heiligabend zum Vorschein. Die glänzenden Glaskugeln, bunte Vögel und kleine Häuschen, Glöckchen und silberne Tannenzapfen verwandelten selbst den spärlichsten Baum in einen Weihnachtstraum.

Lametta und Wachskerzen – nicht zu vergessen den zuckersüßen Baumbehang – vervollständigten das wunderschöne Weihnachtskleid für unser Bäumchen. Die Hauptsache für uns Kinder waren natürlich die bunten Teller! Es war in der Nachkriegszeit schwierig, Süßigkeiten in größeren Mengen – wir waren ja vier an der Zahl – zu kaufen. Zuckerwaren gab es auf Lebensmittelkarten im Konsum oder ziemlich teuer in der HO.

Dank der Päckchen von der Westverwandtschaft

fanden wir auf unseren bunten Tellern zur großen Überraschung Schokoladenweihnachtsmänner, Marzipanbrote, Apfelsinen und Nüsse. Aber auch die selbstgebackenen Lebkuchen und verschieden Kekse von unserer Mutter erfreuten unsere Herzen. Die sparsamen Geschenke, sorgfältig ausgewählt, deckten den Bedarf an warmer Unterwäsche, selbstgestrickten Socken, Mützen und Pullover. Aber stets lag auch ein Geschenk, individuell für den Empfänger, unterm Weihnachtsbaum. Wir wurden nicht verwöhnt und erfreuten uns selbst an Kleinigkeiten. Zur Bescherung sagte jedes Kind ein Gedicht auf. Später sangen wir gemeinsam mit unserer Mutter die bekannten Weihnachtslieder. In der Bratröhre des Kachelofens dufteten die Bratäpfel verführerisch. Am Heiligabend gab es mittags immer Hühnersuppe mit selbstgemachten Nudeln. Abends freuten wir uns auf den Kartoffelsalat mit Würstchen - eine jahrelange Tradition.

In der Kirche unserer Gemeinde gab es einen Kinderchor, dem ich auch lange Zeit angehörte. Am 1. Feiertag führten wir das Krippenspiel auf. Zu diesem Ereignis war das Gotteshaus stets bis auf den letzten Platz gefüllt. Als größeres Mädchen bekam ich die Rolle des Verkündigungsengels. Dazu trug ich ein, zum Engelsgewand umfunktioniertes, langes, weißes Leinennachthemd. Meine langgewachsenen Haare fielen weit über den Rücken herab und verliehen mir den Anschein einer Himmelsbotin. Meinen Kopf zierte eine goldene Pappkrone. Die Aufführung der Weihnachtsgeschichte und der gemeinsame Gesang in der Kirche lösten ein Glücksgefühl aus, das uns auf dem Heimweg begleitete. Daheim wich die feierliche Stimmung und machte einer fröhlichen weihnachtlichen Familienrunde Platz.

Ja, so war das damals vor etwa 70 Jahren!
In der heutigen Zeit bestimmt leider der Konsum in vielen Familien das Geschehen in der Weihnachtszeit. Durch die viel zu zeitigen Angebote von Weihnachtsartikeln in den Geschäften und den Auslagen der Schaufenster beginnt die eigentliche Zeit der Vorfreuden viel zu früh. Die Kinder werden - je nach der Größe des Geldbeutels ihrer Eltern - meist mit teuren Geschenken überhäuft. Dabei ist es so wichtig, die gemeinsame Zeit bei Spiel und Spaß, Spaziergang und Winterfreuden miteinander zu verbringen. Was gibt es Schöneres, als Freude und Fröhlichkeit zu teilen und einfach die Feiertage zu genießen!

Hannelore Wolf, November 2022

# Mein Lied

mein lied

ich sing ein lied

ohne worte

ich sing ein lied

ohne klang

ich sing ein lied

ohne laute

ich sing, ich sing

ich sing

Hanne Pluns

# Meine Puppe Yvonne

Es war Weihnachten, ich war 8 Jahre alt und voller Vorfreude und Erwartung. Heiligabend – meine Geschwister und ich durften tagsüber nicht ins Wohnzimmer, dort wurde der Baum geschmückt, Geschenke eingepackt und die Weihnachtsteller für jeden vorbereitet. Geheimnisvolles Knistern und Knacken waren von dort zu hören. Mein Vater ließ den Plattenspieler mit Weihnachtsmusik laufen.

Nach dem spätnachmittäglichen Krippenspiel in der Kirche gab es Abendbrot und danach wurden Weihnachtslieder gesungen und musiziert mit Klavier, Flöte und Trompete – genaugenommen ein Weihnachten wie in jedem Jahr.

Doch in diesem Jahr bekam ich eine Puppe geschenkt, eine wunderschön aussehende Puppe mit echtem rückenlangem Haar und einem hübsch geschnittenen Pony. Sie hatte schöne leuchtende Augen, die sich beim Hinlegen schlossen. Der Körper war wie ein Menschenkörper mit beweglichen Armen und Beinen. Eine so hübsche Puppe, die fast 60 cm groß war, hatte ich zuvor noch in keinem Spielzeugladen gesehen. Meine Mutter sagte mir, dass sie eine ganz besondere Puppe sei, die mir eine Tante aus dem Westen Deutschlands geschickt hätte. Ich war über- und überglücklich, sodass ich alles andere, was ich noch zu Weihnachten bekommen hatte, nicht mehr wahrgenommen habe.

Nun wollte ich dieser Puppe einen schönen Namen geben. Ich erinnerte mich, dass ich im Sommer mit meinen Eltern in einem kleinen Wanderzirkus war, der in unserer Stadt Halt machte. Dort waren wunderhübsche Artistenzwillinge aufgetreten, eine davon hieß Yvonne, die ebensolche schönen langen Haare hatte. Also nannte ich meine Puppe „Yvonne".

Ich liebte diese Puppe über alles und hielt sie insbesondere von meiner kleinen Schwester fern, die 7 Jahre jünger ist und gern damit spielen wollte. Sie wurde magisch von ihr angezogen. Es gelang mir eine lange Zeit, sie vor ihr zu beschützen. Dennoch war diese Puppe oft der Streitpunkt zwischen uns. Kaum, dass meine Schwester sprechen konnte, konnte sie schon behaupten „meine Puppe". Meine Mutter bat mich, sie damit spielen zu lassen, damit Ruhe einkehrt, aber das ließ ich nicht zu. Vielleicht dachte meine Mutter auch, dass ich die Puppe an meine kleine Schwester weiterreichen könnte – doch niemals mit Yvonne.

Ich bekam mit, dass meine Schwester sich Yvonne genommen hatte, wenn ich in der Schule war. Meine Mutter wollte Ruhe haben und hatte ihr dies erlaubt. Meine Schwester war das Nesthäkchen und bekam ohnehin jeden Wunsch erfüllt. Als ich dies mitbekam und gesehen habe, wie unbeholfen sie mit Yvonne umging, war ich empört und wütend, auch enttäuscht, tief gekränkt und sehr zornig mit meiner Schwester und auch mit meiner Mutter. Ich wusste nicht, wie ich es meiner kleinen Schwester klarmachen sollte, die Finger davon zu lassen. Ich schrie sie an, das machte die Sache jedoch nicht besser, weil sie dann zu plärren anfing und von meiner Mutter getröstet wurde. Ich fühlte mich nicht ernstgenommen, unverstanden und war untröstlich, konnte nicht glauben, dass meine Mutter mir das antat.

Nach diesem Vorfall hatte ich bemerkt, dass meine Mutter darauf achtete, dass meine Schwester Yvonne nicht gleich wieder zum Spielen bekam, sodass zwischen uns wieder Frieden einkehrte. Ich weiß noch, dass dieser Zustand eine Zeitlang anhielt, aber es kam doch wieder der Tag, an dem sie sich Yvonne bemächtigte, immer auch mit dem Hinweis „meine Puppe", was mich sehr verärgerte. Yvonne nahm durch die kleinen Kinderhände auch Schaden, fiel mal unsanft herunter und hatte schon ein paar Schrammen, die ich nicht heilen konnte. Ich liebte sie jedoch so, wie sie war!

Inzwischen war ich 11 Jahre alt, spielte nicht mehr jeden Tag mit Yvonne, beschützte sie dennoch vor meiner Schwester, die kurz vor ihrem 5. Geburtstag stand. Mein Eindruck war, dass sie wohl verstand, dass mir Yvonne das Wichtigste war und sie damit nicht zu spielen hatte.

Doch es kam der Tag, den ich nie vergessen werde. Ich kam aus der Schule, sah meine Yvonne in einem erbärmlichen Zustand auf dem Tisch liegen. Sämtliche Kleidung war weg, meine Schwester hatte sie gebadet, obwohl sie dafür gar nicht geeignet war, was sie aber gut überstanden hatte. Das wunderschöne echte Haar war zottlig strubblig und – nicht zu glauben – die langen Haare waren kurz.

Ich war so geschockt und konnte nicht fassen, wie das passieren konnte?!

„Was hast Du getan?", schrie ich meine Schwester an. „Ich habe sie gebadet und Frisör gespielt", sagte sie erschrocken ehrlich.

„Frisör gespielt, Frisör gespielt", heulte ich. „Du hast meine Puppe nicht anzufassen, guck doch mal, wie sie jetzt aussieht! Die Haare sind ab!" lärmte ich. Ich konnte immer noch nicht fassen, was ich da sah. Holte tief Luft und jammerte laut.

„Aber das macht doch nichts, die wachsen doch wieder", tröstete sie mich in ihrer kindlichen Naivität.

Ich wusste jetzt, sie hat nichts verstanden!

Diese Geschichte wird sogar noch heute auf mancher Familienfeier erwähnt, so gab ich sie auf dem 50sten Geburtstag meiner Schwester mit einem Augenzwinkern zum Besten. Das Bemerkenswerteste daran war die ernstgemeinte Reaktion meiner Schwester darauf: „Yvonne? – war meine Puppe!"

Da habe ich gemerkt, sie hat immer noch nicht verstanden.

Mir ging meine Puppe Yvonne irgendwann wirklich verloren, was mich heute noch traurig macht. Der Zufall wollte es, oder passierte es aus einem bestimmten Grund, dass ich eine Schwiegertochter bekam, die Yvonne heißt. Insofern habe ich wieder eine liebe Yvonne um mich, was mich tröstet und versöhnlich macht.

*Christiane Eisold*

# Schmuck

Ich horte meinen Schmuck in der Kommode,
aus Silber und Gold, mit Perlen und ohne.
Dazu auch Schmuck, der gerade ist in Mode,
reicht für jede Familienepisode.

Ich trag' nur Kette, Ohrstecker, zwei Ringe
und entscheid' mich für diese Lieblingsdinge –
darunter auch mein Ehering – stets die gleichen.
So mag ich es, ohne davon abzuweichen.

Ich mach' mir nichts draus, täglich Schmuck zu
tauschen,
wenn doch, dann einer neuen Uhr zu lauschen.
Wenn ich einmal ein Schmuckstück gefunden hab,
dann trag ich es gern, sehr oft, auch Tag für Tag.

Schmuck zählt zu den beliebtesten Geschenken,
gibt's für Hals, Finger, Fuß- und Handgelenke.
Ihr Antlitz bezaubert und strahlt Heiterkeit,
sie steigern Wohlbefinden und auch Schönheit.

Wichtig ist mir, all meinen Schmuck zu haben,
ich möchte ihn jedoch nicht immer tragen.
Oft schau ich ihn an, breite ihn vor mir aus,
jedes Stück ist speziell, weckt Gedanken auf.

So hab' ich Schmuck als Erinnerungsstücke,
sie füllen so manche Gedächtnislücke.
Schmuck als Symbol der Liebe und Gemeinschaft,
der besonderen Momente und der Freundschaft.

*Christiane Eisold, August 2023*

# Weihnachten in Familie

Familie ist ja nicht nur Mutter, Vater, Kind. Nein Familie sind auch Bruder, Schwester, Oma, Opa, Onkel, Tante, Neffe und Nichte, Schwager, Schwägerin. Dann gibt es ja noch die Variante von „Groß-"; so wie Großtante, Großneffe usw. Jedoch Großmutter bleibt Oma und Großvater bleibt Opa, hier ist der Verwandtschaftsgrad gleich.

Ich erinnere mich an ein Weihnachten, als ich so sechs oder sieben Jahre war.

Jedes Jahr am 24. Dezember gab es zum Mittagessen Brühreis, Hühnerbrühe mit Reis und Fleischeinlage, danach mussten wir baden. Anschließend haben wir einen Mittagsschlaf gemacht und dann haben wir, mein Bruder und ich, uns fein angezogen.
In diesem Jahr war im Zimmer meiner Oma, das neben unserem Kinderzimmer war, eine kleine Kaffeetafel gedeckt. Meine Oma erwartete Besuch von ihrer Schwester Lisa und deren Mann Walter, der ja der Schwager von meiner Oma ist. Die Schwester meiner Oma, was war sie denn eigentlich für mich? Für mich waren es Tante Lisa und Onkel Walter.

Mein Vati war indes nach Stahnsdorf gefahren, um meine Oma Mimi abzuholen. Mein Bruder und ich setzten uns auf die oberste Stufe der Treppe und warteten darauf, dass es klingelte.

Dann war es soweit. Tante Lisa und Onkel Walter waren da, sie kamen diesmal ohne ihren Hund, einen Dackel. Auch Mimi war eingetroffen, sie kam auch ohne ihren Hund, ebenfalls ein Dackel.

Nun haben wir alle, meine Eltern, mein Bruder, meine beiden Omas, Onkel, Tante und ich an der schönen Kaffeetafel gesessen und Kaffee getrunken, Stollen, Pfefferkuchen und Süßes gegessen. Was wir Kinder getrunken haben, weiß ich nicht mehr.

Nach dem gemütlichen Beisammensein, ging es endlich nach unten. In das Wohnzimmer. Dieses durften wir schon den ganzen Tag nicht betreten. Meine Mutti hatte den Weihnachtsbaum geschmückt und die Geschenke so gelegt, dass mein Bruder eine Ecke vom Sofa bekam und ich die andere Ecke. Wir standen gebannt vor der Tür und nun ging sie endlich auf.

Ach war der Baum schön, aber die Geschenke viel schöner. Wir mussten ein Gedicht aufsagen oder ein

Lied singen, dann durften wir unsere Geschenke in Empfang nehmen.

Die Zeit verging. Geschenke wurden ausgepackt, bestaunt, ausprobiert oder angezogen. Jetzt war es Zeit für das Abendessen. Es gab Kartoffelsalat und Wiener Würstchen, alles reichlich. Nach der Sättigung und den Gesprächen zwischen den Erwachsenen, wurde die Runde aufgelöst. Mein Vati fuhr Oma Mimi zurück nach Stahnsdorf und Tante Lisa und Onkel Walter verabschiedeten sich auch und gingen zu Fuß nach Hause.

Wir durften noch ein bisschen aufbleiben und gingen spät ins Bett.

So war das Weihnachten in jenem Jahr. Die Jahre danach waren ähnlich.

*Ellen Wutschik, Oktober 2023*

# Neubeginn

neubeginn

neues ensteht
frische gedanken
werden gesponnen
schnelle entschlüsse gefasst

werden sie halten
niemanden berührt das

das eis ist geschmolzen
was interessiert uns das gestern

jetzt sind wir geboren
im heute leben wir


Hanne Pluns

# Die Autoren:

**GELA (Jahrgang 1943)**
Hobbies: Theatergruppe, Wandern

**Eva-Maria Kluck (Jahrgang 1935)**
Geboren in Berlin, von 1936 bis 1997 in Kleinmachnow gelebt, danach in Stahnsdorf.

Berufe: Maßschneiderin und Wirtschaftskauffrau Sie war als Angestellte im Rat der Gemeinde Kleinmachnow, in der Landwirtschaftsbank in Potsdam und von 1975 bis 2000 im Gesundheitswesen (Geschäftsleitung, ab 1997 Leiterin des Seniorenbüros AVUS) in Teltow tätig.

Hobbys: Aus dem Leben schreiben: Anekdoten, bissige Leserbriefe, Glossen und Familiengeschichte, ehrenamtliche Tätigkeit in Selbsthilfegruppen.

**Margrit Prauß (Jahrgang 1947)**
ist in Sachsen geboren und aufgewachsen.

Beruf: Krankenschwester, Ausbildung med. Fachschule Hubertusburg Wermsdorf.
Seit 1969 wohnt sie in Teltow, hat 2 Töchter und 4 zauberhafte Enkelkinder. Sie liebte immer schon „Deutsch" in der Schule, schrieb gerne Aufsätze, später Briefe. Gedanken, Erinnerungen und Erfahrungen aus ihrem Leben zu formulieren macht ihr viel Freude und sie gibt diese gern weiter.

**Jessica (Jahrgang 1998)**
Jessica - Enkelin von Margrit
1998 geboren und aufgewachsen in Teltow.
Hat als Kind gerne kleine Bücher aus Papier gebastelt und Geschichten geschrieben.
Nach dem Abitur ein Jahr als Au Pair in Kanada, danach 2 Jahre Jura-Studium in Berlin. Seit 2021 studiert sie in Freiburg (Breisgau) Lehramt, Deutsch, Englisch und Politik.

**Hannelore Wolf (Jahrgang 1944)**
geboren in Westpreußen, nach der Flucht aus Danzig in Mecklenburg aufgewachsen, Ausbildung zur Kindergärtnerin im Schweriner Schloß. Umzug 1963 nach Leipzig, Heirat und Umzug 1967 nach Teltow.

Tätig als Kindergärtnerin, Wechsel in die GRW-Bibliothek, nach der Wende als Sachbearbeiterin im Sozialamt Teltow, seit 2009 Rentnerin.
Sie ist verheiratet, hat 3 Kinder und 4 Enkelkinder.

Hobbys: Singen im Chor, Mitglied einer Sportgruppe, Reisen und Tanzen, Verfassen von Versen zu bestimmten Anlässen sowie spontanes Schreiben kleiner Gedichte!

**Evelyn Barucker (1949 in Potsdam geboren)**
Sie lebt seit 1953 in Kleinmachnow und seit 1971 in Teltow. Sie vermisst die ungeschriebenen Geschichten ihrer Eltern und Großeltern und möchte deshalb einige Erlebnisse für ihre Kinder und Enkelkinder erhalten.

**Ellen Wutschik (Jahrgang 1964)**
Geboren in Potsdam-Babelsberg

**Christiane Eisold (Jahrgang 1953)**
Sie ist in Mecklenburg-Vorpommern geboren und aufgewachsen. Sie hat in Dresden studiert, war viele Jahre in der Forschung und ebenso viele Jahre in der Forschungsorganisation tätig. Seit 1976 wohnt sie in Teltow. Christiane Eisold ist verheiratet und hat zwei erwachsene Kinder und drei Enkelkinder.

Schon in der Schulzeit liebte sie das Fach Deutsch, schrieb gern Aufsätze und bis heute liebt sie Kurzgeschichten.

Mit Eintritt in den Ruhestand denkt sie stärker über die Familiengeschichte nach und findet Begebenheiten, die es wert sind, nicht vergessen zu werden.

**Hanne Pluns (Jahrgang 1943)**
Geboren in Wriezen / Oderbruch
Mit 10 Jahren aus der DDR mir ihren Eltern geflohen
2 Jahre Aufenthalt in Flüchtlingslagern
Abitur in Hildesheim
Sozialarbeit in Hannover studiert, dort ihren Mann kennengelernt
25 Jahre Leiterin einer Eingangsstufe in einer Grund-Sonderschule in Berlin
Ausbildung zur Gestaltpädagogin an der TU Berlin
Nach der Wende in ihre Heimat zurückgekehrt, dort als freischaffende Künstlerin gelebt
2018 mit ihrem Mann nach Teltow gezogen; hat 2 erwachsene Söhne und 3 Enkel/innen

Interessen: Kreatives Arbeiten, liebt Kontakt mit anderen Menschen, ist immer auf der Suche nach neuen Anregungen.

**Carmen Sabernak (Jahrgang 1958)**
Die „Geschichtensammlerin" - Schreibt am liebsten mit Blick auf das Meer oder auf ihrer Rosenbank im Familiengarten.

# Bisher erschienen

**Aus der Reihe „Perlen unserer Erinnerung" sind bereits (im BoD Verlag zum Preis von 5,00 Euro) erschienen:**

**2013**
„Hannas Weihnachtsengel" - ISBN: 9783732280414
„Begegnungen im Leben" - ISBN: 9783732280889

**2015**
„Verlust und Wiederfinden" - ISBN: 9783734745812
„Elli" - ISBN: 9783734769276
„Mein Berlin - Mitten mang und Dichte bei" - ISBN: 9783738613599
„Am Wege blüht Vergissmeinnicht" - ISBN: 9783738629262
„Singen und Wandern - das ist unser Leben" ISBN: 9783738659931

**2016**
„Jahreswende - von Anfang bis Ende" - ISBN: 9783741276798

**2017**
„Sehnsucht, Glück und Bäume" - ISBN: 9783848257195

**2018**
„Täuscht der schöne Schein?" - ISBN: 9783748111948
„Winterperlen" - ISBN: 9783748101093

**2019**
„Sommer-Zeit-Reise" - ISBN: 9783748146964
„Geflüster bei Kerzenschein" - ISBN: 9783750401877

**2020**
„Meine Heimat Kleinmachnow" - ISBN: 9783751930772
„Meine - Deine - unsere Schulzeit" - ISBN: 9783751950497
„Durch das Jahr" - ISBN: 9783752672176
„Winterzeit" - ISBN: 9783752672169
„Mystische Geschichten" - ISBN: 9783752672190

**2021**
„Liebesbriefe" - ISBN: 9783755741084
„Alte Schätze" - ISBN: 9783755741275
„Gesammlte Perlen 2021" - ISBN: 9783755741244
„Wege" - ISBN: 9783756833474

**2022**
„Federn, Flossen, weiches Fell" - ISBN: 9783756859818
"Missgeschicke" - ISBN: 9783756888672

**2023**
„Modisches Allerei" - ISBN: 9783757806903
„Alltagshelfer" - ISBN: 9783756862726
„Familiengeschichten" - ISBN: 9783758314872